ACADÉMIE DES JEUX FLORAUX.

ÉLOGE

DE

M. DU GABÉ,

Prononcé en séance publique, le 14 janvier 1877,

Par M. AUZIES,

Un des quarante Mainteneurs.

TOULOUSE,
IMPRIMERIE LOUIS ET JEAN-MATTHIEU DOULADOURE,
Rue Saint-Rome, 3º.

1877

ACADÉMIE DES JEUX FLORAUX.

ÉLOGE

DE

M. DU GABÉ,

Prononcé en séance publique, le 14 janvier 1877,

Par M. AUZIES,

Un des quarante Mainteneurs.

TOULOUSE,
IMPRIMERIE LOUIS ET JEAN-MATTHIEU DOULADOURE,
Rue Saint-Rome, 39.

1877

ÉLOGE

DE

M. DU GABÉ.

Messieurs,

Quand un homme s'est trouvé mêlé, par les circonstances et par son talent, aux affaires de son pays ; quand le prestige de sa parole a été si grand que, de toutes parts, les intérêts individuels, attaqués ou méconnus, en ont sollicité la puissance et l'appui, ce n'est pas chose facile que de reproduire, dans tout son éclat, le tableau de sa vie. Mais si cet homme s'est trouvé jeté, par le hasard de sa naissance, au milieu d'une époque troublée, et si, parmi les actes de sa carrière publique, il en est qui n'ont pas reçu de tous une interprétation bienveillante, tandis qu'il avait gardé, dans son cœur, les mêmes sentiments et la même foi, la tâche devient plus difficile encore, et le but qu'il s'agit d'atteindre apparaît à l'imagination troublée comme le sommet d'une montagne inaccessible. Heureusement, les querelles politiques viennent expirer sur le seuil de ce sanctuaire des lettres où seule la vérité, calme et sereine, a le droit de se faire entendre. C'est pourquoi je n'ai pas hésité, malgré les obstacles semés sur la route, à me charger d'une mission périlleuse au risque de n'être que l'interprète imparfait des intentions inspirées à l'Académie par trop de bienveillance.

§ I

Charles-Casimir DU GABÉ naquit, vers la fin du dernier siècle, au Mas-d'Azil, dans ce beau pays qui fut le comté de Foix, et qui fait, aujourd'hui, partie de notre chère *Ariége*. La famille Du Gabé comptait parmi les grandes et les plus anciennes de ces contrées. Elle s'était acquise, à la cour des comtes de Foix, une véritable illustration en envoyant, sur tous les champs de bataille, où il plaisait à cette illustre maison de porter ses armes, de vaillants et héroïques gentilshommes, toujours prêts, suivant une invariable tradition, à vivre et à mourir pour elle.

Soréze fut l'établissement choisi pour les premières études et pour l'éducation du jeune Du Gabé. Dans ces beaux lieux, où ses pieds suivaient les traces de ceux des meilleurs maîtres, il retrouvait, avec délices, dans les forêts de la montagne noire, à Saint-Ferréol, à Lampy, dans ces champs et ces vallons chers aux fils de cette grande école, le souvenir fortifiant et pur du toit paternel et du pays natal. Aussi, l'arôme de sa jeunesse put-il survivre aux enchantements trompeurs de la première liberté lorsque sonna pour lui l'heure solennelle qui décide ordinairement, au sortir du collége, de notre avenir et de notre destinée dans la vie. A ce moment, sa famille délibérait sur sa carrière. Tous la voulaient active à l'instar de son esprit et de son temps. Quelques-uns conseillaient les emplois publics. Lui, plein d'ardeur et de feu, n'hésitait pas. Entre toutes les vocations généreuses, il avait choisi les armes. Mais un de ses frères était déjà sous les drapeaux. La crainte de lui nuire le détourna, quoiqu'à regret, de sa première résolution. Il se dirigea vers le barreau où il devait trouver, avec l'indépendance, la satisfaction de son goût prononcé pour la vie militante et pour les luttes fécondes. Reçu licencié en 1821, après avoir fait son cours de Droit à Toulouse, il parut pour la première fois à la barre en 1822.

Vers cette époque s'organisait à Toulouse la *Société des bonnes études* où, malgré son titre, la politique tenait une plus large place que la littérature elle-même. On y prenait, en effet, l'engagement de se consacrer à la défense et à la propagation des principes conservateurs de la religion, de l'ordre social et de la légitimité. M. Du Gabé devait, naturellement, en faire partie. Au sein de sa famille respectée, il avait, dès l'âge le plus tendre, puisé cette foi monarchique fixée, pour ainsi dire, dans la conscience de la France ancienne ; et, à ses heures de vive jeunesse, il en avait, avec transport, salué le réveil. Aussi, le voyons-nous, au jour de l'installation solennelle (1) figurer comme secrétaire général de cette Société, présenter, en cette qualité, le résumé des travaux préparatoires et donner lecture des statuts et règlements généraux qui, dans la pensée de ses fondateurs, devaient en assurer l'avenir et en perpétuer l'éclat.

Ceux-là, pourtant, ne seraient pas justes à son égard et s'éloigneraient absolument de la vérité qui pourraient attribuer à M. Du Gabé la pensée d'avoir voulu, même à cette époque, se parquer, pour ainsi dire, à l'imitation d'autres hommes, dans un milieu choisi pour refléter, uniquement, ses sentiments et ses idées. Au contraire, sans porter atteinte à des principes arrêtés, il laissait déjà voir son attachement pour les idées nouvelles en ce qu'elles avaient de raisonnable. Surtout, il proclamait volontiers son noble et intime amour pour les lettres ; et il recherchait partout, sans acception de parti, d'opinion ou de nuance, la société des hommes qui se vouaient à leur culte. Il détestait, en un mot, tout ce qui lui paraissait avoir un caractère exclusif, et tenait à être, par les grands côtés, de son siècle autant que de son pays.

Ses débuts au Palais furent brillants et très-remarqués. Ils attirèrent l'attention et lui conquirent, pour jamais, l'affection dévouée de l'homme illustre qui jetait alors, sur le barreau de Toulouse, un si vif éclat, et dont la renommée, dépassant les frontières de ce pays où se poursuivit sa carrière d'avocat, rayonnait au loin sur Paris et même sur la France : j'ai nommé Romiguières.

(1) Voir procès-verbal de l'installation solennelle de la société des Bonnes études, du 20 avril 1823.

Une affaire, qui se rattache à notre histoire contemporaine, donna bientôt la mesure des vives sympathies et de la haute estime du grand orateur pour son jeune confrère. On se souvient encore ici du procès improprement appelé des *transfuges*, car ceux qui en furent l'objet n'avaient ni livré le mot d'ordre, ni déserté leur poste pour passer à l'ennemi. C'étaient quelques soldats du premier empire qui, forcés de s'expatrier pour ne pas provoquer les ombrages du nouveau pouvoir ou exciter ses défiances, avaient passé dans l'Espagne, alors agitée par la guerre civile, pour y mettre leur épée au service de la Constitution. Surpris par les rapides succès de l'armée envoyée au secours du Roi catholique, au moment même où ils cherchaient à se retirer d'une lutte qui les mettaient en face des soldats de la France, ils avaient été saisis les armes à la main et traduits, au nombre de vingt-six, devant les assises de la Haute-Garonne, sous la grave accusation d'avoir fait la guerre à leur pays (1). Romiguières les défendit. On sait avec quel succès et quelle puissance ! Mais pour mieux assurer leur salut, il voulut s'adjoindre, dans cette cause périlleuse, Me Du Gabé d'abord, et un autre jeune avocat, Me Jean Gasc, qui, récemment, avait aussi fait éclater à la barre un véritable talent de parole.

Romiguières n'eut pas à se repentir de ce double choix. L'un et l'autre rivalisèrent d'intelligence et de cœur pour se montrer dignes de la confiance dont

---

(1) Voir l'éloge de M. Romiguières, prononcé par M. l'avocat général Charrins à l'audience de rentrée de la Cour de cassation du 3 novembre 1863.

il les avait honorés. Grâce aux efforts réunis de ces trois hommes, les accusés furent sauvés.

Dès ce moment, Romiguières prodigua sa protection bienveillante à ses jeunes amis. Il se plut, en toute occasion, à leur prêter l'appui d'une grande situation et de sa riche expérience. Ceux-ci, de leur côté, entouraient leur maître d'un culte respectueux que leur inspirait la reconnaissance, cette mémoire du cœur pour les services rendus.

Mais, entre les jeunes défenseurs eux-mêmes, il s'établit, bientôt, une sorte de vive et féconde émulation qui les fit se rencontrer souvent et se mesurer, comme en un champ clos, devant les juridictions diverses de ce vaste ressort, au grand profit de la justice et pour la satisfaction intime de ceux que charme l'éloquence ou qu'attire le spectacle des luttes oratoires.

C'était un beau temps que celui où de pareils athlètes descendaient tous les jours dans l'arène ! Les causes s'agrandissaient sous leur parole. Ils savaient les élever à la hauteur de leur intelligence d'élite ; et la foule avide se pressait à leurs luttes et applaudissait à leurs triomphes.

L'un, avocat vraiment populaire, se laissait volontiers entraîner, avec son auditoire, par sa cause qui le subjuguait, plutôt qu'il ne la dominait lui-même. Son accent, ses gestes, sa voix passionnée, sa parole simple, le plus souvent négligée, sa familiarité même et sa raillerie concouraient, ensemble, à ébranler la conscience et à captiver les cœurs. Si, parfois, dans le cours d'une discussion animée, il lui échappait de ces impétuosités ou de ces discordances qui deviennent l'écueil d'une cause, il savait, par un retour soudain, reconquérir le terrain qu'il avait perdu, et, puisant dans des ressources inattendues des facultés nouvelles, il parvenait encore, sous la pression d'un sentiment puissant, à ramener les esprits et à précipiter les convictions.

L'autre, orateur disert autant qu'habile, correct et plein de distinction, semblait dominer son adversaire de toute sa hauteur. Sa belle tête, son front large et ouvert manifestaient l'éclat de sa pensée. Son œil brillant et limpide reflétait les feux d'une riche imagination. Son organe vibrant, qui remplissait, sans efforts, les plus vastes enceintes, saisissait l'âme et commandait l'attention. Son geste élégant et gracieux, grave ou rapide suivant les entraînements de sa parole, captivait les juges ou les auditeurs attentifs. Son port majestueux, parfois un peu compassé, révélait, pour ainsi dire, toute la puissance de son talent et même imposait la déférence et les égards. Nul ne savait manier l'épigramme avec plus d'élégance et d'esprit, ni lancer, avec plus de grâce, un trait rapide et meurtrier. Sa phrase, aux plis ondulés, aux contours arrondis, se développait avec ampleur, sans fatigue pour ceux qu'il tenait sous le charme. Ses succès à la barre furent grands et nombreux; mais il ne les dut pas seulement à la clarté de son magnifique langage, à l'ordonnance savante et simple qui permettait de saisir aisément et de suivre les grandes lignes de son discours et le mouvement de ses idées, mais encore à cette faculté singulière de s'identifier avec le sujet traité, devenu, sous son action, comme une

création vivante et animée qui l'absorbait lui-même pour lui communiquer ensuite des forces renaissantes et toujours irrésistibles. Du reste, il savait rendre attrayante, en y mêlant parfois de suaves pensées, l'analyse des plus vulgaires incidents. S'agissait-il, par exemple, dans un procès criminel, d'apprécier la déclaration d'un témoin qui soutenait avoir reconnu son client à la voix : « A la voix!
» s'écriait M^e Du Gabé, mais la connaissait-il
» bien ? lui était-elle familière ? l'entendait-il sou-
» vent ; bien souvent ? Etait-elle pour lui cette
» voix que le cœur reconnaît avant même qu'on
» l'ait entendue ? Non. Le témoin connaît à peine
» l'accusé. »

D'autres fois il s'élevait, tout à coup, aux plus hautes considérations que lui fournissait son sujet ; et, absorbant ainsi l'attention de ses juges, il la détournait habilement au profit des malheureux qu'abritait sa parole. C'est ainsi que, dans le procès des troubles de Montpellier, où, trop souvent, vinrent se mêler aux débats des considérations politiques et presque des appels aux passions, il disait aux jurés, au moment périlleux où il s'agissait de discuter des charges trop décisives : « J'ai parlé des
» partis ! N'êtes-vous pas épouvantés de la rapidité
» avec laquelle ils se succèdent ?... Vous jugez
» aujourd'hui ; demain qui occupera ces siéges si
» bien remplis par vous ? Et ces bancs, à qui sont-ils
» destinés ? Dans le délire de nos passions oublie-
» rons-nous, sans cesse, les leçons de l'expérience ?
» Et le passé nous sera-t-il toujours importun ?...
» Ramenons à notre mémoire ce ministre du Czar,
» remplaçant dans les déserts de la Sibérie celui

» dont il avait pris les fonctions et commandé
» l'exil? » (1).

Dans cette même affaire, après avoir avec à-propos et surtout avec un tact merveilleux rappelé le procès des *transfuges*, il sut désarmer, en quelque manière, l'orateur illustre qui siégeait comme procureur général, en évoquant à la fois le souvenir de ses plus sublimes inspirations et le jour de son plus beau triomphe. Il allait, à son tour, goûter ces délices et susciter les mêmes transports. La magnifique péroraison, où il conviait, avec des accents émus, les enfants divisés d'une même cité à l'union et à la concorde, avait achevé d'ébranler l'accusation; et bientôt, un verdict d'acquittement, qui mettait fin à ses anxiétés, provoqua, malgré ses efforts pour s'y soustraire, une ovation enthousiaste au milieu des applaudissements d'une foule enivrée.

§ II

M. Du Gabé, désormais, avait conquis une grande place au barreau. Il était devenu vraiment maître dans le genre que sa parole avait créé. Les affaires criminelles, qu'il exposait avec un art incomparable, lui procuraient chaque jour de nouveaux triomphes. L'avenir s'ouvrait devant lui, plein de promesses. Les clients affluaient, la jeunesse acclamait, et l'Académie, s'inspirant du sentiment public, s'empressait de l'accueillir dans son sein. Voici en

---

(1) Assises extraordinaires de la Haute-Garonne, audience du 31 décembre 1833.

quels termes flatteurs il était salué par le confrère chargé de procéder à sa réception : « Quiconque » vous observe dans l'arène où vous luttez chaque » jour, rêve pour vous un théâtre plus vaste et » croit pressentir d'autres destinées. Il n'est pas » d'homme de cœur, quels que soient ses principes » politiques, qui vous refuse son estime; il n'est » pas d'homme de talent, quelle que soit sa ban- » nière, qui vous refuse son admiration. Ceux que » vous n'avez pu désarmer par la force de vos convic- » tions sont subjugués par l'ascendant de votre » éloquence, c'est une belle et noble gloire que » celle-là !... » (1). Rien donc, ce semble, ne lui manquait de ce qui peut procurer à l'homme la renommée et même le rendre heureux, si le bonheur était de ce monde.

Mais cette grande situation qu'il s'était faite, lui préparait un écueil où devaient échouer bien des espérances et, peut-être, s'évanouir bien des rêves. Cédant aux instances d'un grand nombre d'amis, qu'il comptait dans l'Ariége, M. Du Gabé brigua les honneurs politiques. Il fut élu député dans l'arrondissement de Foix. C'était en 1834. A cette époque, le pouvoir issu de la Révolution de juillet avait surmonté les obstacles que rencontre, à la première heure, tout nouvel établissement. Les impatiences guerrières étaient réprimées. Les utopies, reléguées dans les journaux ou dans les livres, avaient été vaincues dans la rue. Leurs adeptes découragés ne prenaient plus les armes pour les imposer à coups

---

(1) Réponse au remercîment de M. Du Gabé par M. de Puybusque, modérateur, à la séance du 6 mars 1834.

de fusil. Dans les Chambres et dans la nation s'engageait la lutte héroïque qui devait marquer à la révolution un point d'arrêt de dix-sept ans et fournir l'une des plus grandes expériences de gouvernement représentatif que le monde ait connues. L'ordre et la liberté semblaient assurés ; et la France tranquille ne demandait aux partis que de la laisser se livrer en paix aux inspirations de son génie fécond pour les grandes affaires et les lointaines entreprises. Mais il en est de notre pays comme de ce vieillard de la Fable, à qui de jeunes hommes inexpérimentés voulaient interdire *les longs espoirs et les vastes pensées*. M. Du Gabé reçut naturellement de ses commettants un mandat d'opposition. Il devait, à tout prix, empêcher, pour sa part, le nouveau gouvernement de se constituer et de jeter des fondements solides sur lesquels pourrait s'élever un édifice de gloire et de grandeur. C'était une mission dangereuse qui, pour être remplie jusqu'au bout, exigeait plus que le don de la parole. Il fallait se condamner à combattre toujours, et harceler continuellement des adversaires redoutables sans compter leur nombre ni se préoccuper de leur force. M. Du Gabé mesura d'un œil ferme le champ-clos où, nouvel athlète, il devait lutter, sans relâche, contre les hommes que leur talent, autant que de fermes convictions, avait mis à la tête des affaires. Il ne faillit pas à cette tâche ingrate. Les documents parlementaires du temps attestent, en effet, ses efforts éloquents pour la remplir dignement et les vives approbations qu'il rencontrait dans les rangs les plus opposés de la Chambre.

Mais sa droite raison s'insurgeait parfois contre

les exigences des partis. C'est ainsi que, dans la séance du 9 juin 1837, où fut discuté le projet de loi portant demande de crédits extraordinaires pour les dépenses d'Afrique, après avoir démontré la nécessité de conserver des possessions devenues à jamais françaises, il s'empressa d'accorder au ministère les subsides qu'il réclamait. « Je les accorde, » disait-il, au nom de l'honneur national, au nom » de l'intérêt bien entendu du commerce, au nom » de l'avenir de la France (1). » Cet acte de patriotisme et de bonne foi lui fut-il reproché comme une adhésion intempestive au gouvernement, dont il devait se montrer l'implacable ennemi? Je l'ignore ; ce qu'il y a de certain, c'est qu'au mois de mars 1840, après avoir interpellé les Ministres sur les troubles de Foix, dont la cause déplorable amena des effets si désastreux, il ne craignait pas d'affirmer que sur l'autorité seule devait retomber la responsabilité de la collision et des malheurs qu'elle avait entraînés (2).

Plus tard, à la session de 1842, dans la discussion de l'Adresse, il terminait un discours remarquable en adressant au ministère des paroles dont la véhémence flattait trop les instincts d'une partie de l'Assemblée pour n'en pas exciter les applaudissements.

« Se laisser entraîner à une réaction violente, di- » sait-il, ce n'est pas gouverner, mais faire du » pouvoir au profit d'une coterie qui ne sait pas » abdiquer la puissance alors même que le pays la » repousse. Un appel intéressé à la propriété mena-

---

(1) Chambre des députés, session de 1837. Séance du 9 juin.
(2) Chambre des députés, session de 1840. Séance du 7 mars.

» cée, aux industries compromises donne quelques
» jours de vie à ceux qui peuvent recourir jusqu'à
» ce moyen extrême ; mais soyez-en sûrs, messieurs,
» il y aura toujours dans la nation une majorité
» pour repousser, avec une égale énergie, ceux qui
» menacent l'ordre social, et ceux, non moins à
» craindre, qui veulent affermir leur puissance sur
» les débris de nos libertés dont ils furent, autre-
» fois, les défenseurs intéressés (1). »

L'année suivante, à la session de 1843, il s'é-
criait encore, à propos du droit de visite devenu
contre le gouvernement une arme meurtrière entre
les mains de ses ennemis : « Le droit de visite,
» cette énorme exception au droit commun, in-
» quiète visiblement le pays. Le commerce se plaint
» du tort immense qu'il en éprouve, et notre ma-
» rine s'élève avec énergie contre les humiliations
» subies par notre pavillon. » Puis il ajoutait avec
tristesse : « *Les temps des grandes choses sont pas-*
» *sés* (2). »

Que de fois le député de 1843 n'a-t-il pas dû
sourire amèrement au souvenir de cette apostrophe
lancée contre le gouvernement de cette époque !
Hélas ! il en est venu d'autres qui, pour emprunter
une expression familière à une certaine école de po-
lémistes, ont voulu *faire grand!* Et la France mutilée,
écrasée sous les pieds du Germain malgré l'héroïsme
de ses enfants, n'a su que trop ce qu'il en coûte aux
peuples de courir les aventures au mépris des enseignements de l'histoire et des traditions du passé.

(1) Chambre des députés. Séance du mardi 18 janvier 1842
(2) Chambre des députés. Séance du 30 janvier 1843.

Cependant tout marchait vers un avenir prospère. Des institutions libérales, sincèrement appliquées, laissaient entrevoir à l'horizon de magnifiques perspectives et de nouveaux progrès. La France riche et puissante, entourée à l'extérieur de gouvernements d'autant plus sympathiques qu'ils l'avaient prise pour modèle, exerçait, en Europe, une influence incontestée.

D'un autre côté, la conquête africaine, étendue jusqu'à ses extrêmes limites; des expéditions heureuses dans le monde entier ; le drapeau de la France planté au centre de l'Océanie, imposant aux peuples les plus reculés la crainte de notre nom ; une armée puissante, une flotte admirablement équipée, promenant sur les mers son pavillon glorieux; toutes ces grandes choses, sagement entreprises et fermement accomplies, autorisaient, peut-être, même les plus hostiles, à ralentir leurs attaques contre le gouvernement, et à lui accorder, au moins, une trêve si ce n'est à lui offrir la paix.

M. Du Gabé put-il, de bonne foi, le croire de la sorte? Put-il, sans rien abandonner de ses principes, se persuader lui-même que l'heure était venue de reconnaître le bien qui s'accomplissait et de renoncer à des alliances organisées pour détruire, peu soucieuses, d'ailleurs, des abîmes où il fallait se précipiter pour atteindre un but à peine dissimulé malgré son injustice ?

A Dieu seul il appartient de sonder les reins et de pénétrer jusqu'au plus intime de nos cœurs. A lui seul le pouvoir d'apprécier, d'une manière absolue, le mérite de nos actes, et le droit souverain d'en juger le mobile. Mais « puisqu'il faut une fois

» parler de ces choses dont on voudrait pouvoir se
» taire (1), » disons que l'attitude nouvelle du député de l'Ariége ne fut ni comprise, ni acceptée par ses amis. Elle lui valut de tous côtés de violentes accusations dont la tribune, elle-même, retentit dans la séance du 21 février 1844. Lui, resta calme d'abord et sut affronter l'orage. Puis, ne prenant conseil que de sa dignité blessée, il osa devant une Assemblée prévenue, mais attentive, faire entendre ces fières paroles : « En prenant une place sur ces
» bancs, je savais que j'allais m'asseoir au milieu
» d'hommes séparés profondément du pouvoir. Je
» savais que toutes les fois qu'un principe se trou-
» verait engagé, nos convictions devaient seules
» nous guider. Mais je n'ai jamais cru qu'il existât
» pour nous des situations toujours faites, des né-
» cessités fatales. Non, personne n'a le droit de
» penser et de dire que nous soyons l'appoint de
» toutes les oppositions, l'appui certain de toutes
» les ambitions impatientes. Cela n'est pas. Cela
» ne sera jamais. Si telle était la pensée de ceux
» qui m'ont élu, je leur rendrais mon mandat,
» nous ne nous serions pas compris (2). » L'Ariége répondit par une élection nouvelle à l'appel de son député (3). Le temps, du reste, devait faire voir, de plus en plus, que, s'il avait pu se séparer de ses amis, il ne s'était jamais séparé de sa cause, et que

---

(1) Bossuet, oraison funèbre du prince de Condé.
(2) Discours prononcé dans la discussion relative à la prise en considération de la proposition de M. de Rémusat. Séance du 21 février 1844.
(3) M. Du Gabé fut élu cinq fois par les électeurs de l'arrondissement de Foix. La dernière élection fut celle du 2 août 1846.

le dissentiment n'avait été pour lui ni l'occasion de l'inconstance, ni le prétexte de l'infidélité.

M. Du Gabé, désormais, pouvait marcher librement, sans autre guide que ses propres inspirations dans la voie d'indépendance qu'il s'était ouverte à force de franchise. Mais ce ne fut là qu'un succès éphémère. De graves événements ne lui permirent pas même d'en goûter les premiers fruits. Bientôt la révolution reprit sa marche et renversa, soudain, en un jour d'orage et de surprise, les libres institutions à l'abri desquelles, pendant dix-huit années de calme et d'un repos qui ne fut pas sans gloire, la France avait vécu tranquille et respectée.

M. Du Gabé voyait dès lors brisée sa carrière politique. En même temps, il assistait, en témoin attristé des exigences des faits et de l'entraînement des passions, à la chute de cette monarchie pondérée qui, dans un avenir prochain, aurait pu, ceinte de la triple auréole de la liberté, de la grandeur et de la gloire, inaugurer enfin parmi nous une ère de publicité, d'apaisement et de concorde. Faudrait-il, pourtant, renoncer à ces biens et ne serait-ce là qu'un rêve poursuivi par les âmes honnêtes vers lequel elles tendraient inutilement leurs mains suppliantes comme ces ombres, dont parle Virgile, impatientes d'être transportées sur la rive opposée?...

Tendebantque manus ripæ ulterioris amore.

Espérons, malgré les anathèmes et de sombres prophéties, que ce rêve des nobles cœurs deviendra promptement une réalité, si, réunis dans une même pensée, les hommes sincères de tous les partis consentent à sacrifier, sans arrière-pensée, à la patrie commune leurs préférences, leurs souvenirs et jusqu'à leurs regrets. Sans doute, on a des tristesses amères. Les choses qu'on a aimées et respectées se brisent ! Celles qui semblaient revêtues de puissance tombent en poussière ! Les ruines s'ajoutent aux ruines. Mais quand les temples tombent, il y a Dieu qui demeure pour fortifier les âmes, pour éclairer, apaiser, rapprocher les esprits. Quand les trônes, quand les institutions s'écroulent, il y a les principes, les intérêts publics qui restent encore, qui ne sont pas emportés par la tempête. Il y a l'ordre, la justice, la paix, l'honneur du pays, la gloire du drapeau, les grands emplois du génie national qu'on peut, qu'on doit défendre, clientèles glorieuses et immortelles dignes d'inspirer, à la fois, les grandes pensées et les généreux sacrifices.

§ III

Le retour de M. Du Gabé dans notre ville ne pouvait avoir pour lui ni le caractère, ni l'amertume d'une disgrâce. Il retrouvait parmi nous, avec le souvenir de ses premières et fécondes luttes, une société bienveillante dont il avait autrefois goûté l'esprit et admiré la grâce, d'anciens et fidèles amis, et, par-dessus tout, le barreau, c'est-à-dire, tout ce qui, dès ses premiers pas dans la carrière, l'avait encouragé, soutenu et plus tard glorifié. L'amour

des lettres, qu'il avait gardé dans son cœur, fut pour lui d'abord une source inépuisable de pures et délicates jouissances; et l'Académie put bientôt apprécier elle-même tout ce qu'avait déposé dans son esprit, de grâce, de force et de richesse, un commerce fréquent avec les grands génies qui ont illustré les plus belles époques de l'humanité. Avec quelle souplesse de talent et quel tact inimitable il sut, interprète ému de ses confrères, exprimer leur joie intime, j'ai presque dit leur orgueil, lorsque, en vertu de délégations successives, dont un hasard intelligent s'était rendu le complice, il dut introduire parmi vous : une première fois, le professeur éminent, qui a conquis depuis longtemps pour les conserver toujours, les vives sympathies d'un public d'élite et d'une jeunesse chaque jour plus nombreuse et plus attentive à des leçons pleines d'attraits par l'analyse étincelante des chefs-d'œuvre de la littérature française comme par l'étude approfondie des grands modèles (1); plus tard, le prédicateur ou plutôt l'apôtre inspiré, dont les méditations rendues fécondes dans la retraite et le silence de la cellule, se répandirent ensuite en flots d'éloquence et d'amour divin sur les populations enthousiasmées et converties (2) : « Vous avez, lui disait-
» il, marqué votre place au premier rang de nos
» orateurs sacrés. Vous avez le rare mérite d'être
» demeuré vous-même, de ne rien sacrifier ni à la
» mode, ni aux exigences du temps. Votre parole,
» par sa douceur comme par son onction, pénètre

(1) Réponse au remercîment de M. Delavigne.
(2) Réponse au remercîment du R. P. Caussette.

» les âmes et fait aimer la vérité. Quand on vous a
» entendu, on se prend à dire : Que c'est beau !
» surtout, que c'est bon ! n'est-ce pas là, Monsieur,
» l'idéal de la parole évangélique ? »

Avec quelle touche énergique, pénétrante, et quelle richesse de détails ignorés, il écrivait l'éloge de M. Adolphe de Puybusque dont il avait été le conseil et l'ami ! avec quel bonheur d'expression il se plut à retracer la vie si active et si féconde de ce regretté confrère, montrer ce qu'il y avait dans ce noble cœur de dévouement au pays, et dans cette âme d'élite d'amour pour l'indépendance ! Il l'aimait, en effet, comme le génie aime la gloire, comme le guerrier aime le bruit des combats. Enfin, avec quelle élégance de style il sut exposer l'action puissante du journaliste qui traitait des passions humaines sans employer leur langage et dont la parole et les écrits furent toujours à la hauteur des graves intérêts qu'il s'était donné la mission de défendre (1) !

Le général vicomte de Puybusque, interprète de la reconnaissance des siens, adressa bientôt au panégyriste de son frère une lettre dont les termes émus furent pour M. Du Gabé la récompense la plus douce de l'œuvre que son cœur, plus encore que son talent, avait rendu digne d'un tel hommage.

Retiré désormais de la vie publique, M. Du Gabé n'hésita pas à rentrer au barreau dont il n'aurait jamais dû se séparer et qui s'empressa de l'accueillir,

---

(2) Eloge de M. Adolphe de Puybusque, séance du 22 janvier 1865.

car, par un heureux privilége, ses rangs restent ouverts à celui qui les quitte; et la place, qu'il laisse vide, lui est toujours conservée. Asile de ceux que les révolutions atteignent et brisent, il leur offre le même lustre et le même éclat même après les faveurs populaires, et les honneurs qu'elles procurent. Du reste, la députation elle-même, malgré ses préoccupations absorbantes, n'avait pas enlevé tout à fait notre confrère à sa belle profession.

A Paris, où les événements se pressent, où l'accident du jour fait pâlir la catastrophe de la veille, « dans cette mer où tout s'efface, » on a pourtant gardé le souvenir de la plaidoirie que Me Du Gabé fit entendre en 1839 devant la Cour d'assises de la Seine, dans l'intérêt d'Adolphe Boulet, accusé d'assassinat sur Aglaé Chaurelle sa maîtresse. Quelles situations douloureuses! Quels affreux détails présentait cette grave affaire! Mais aussi quelle défense habile vint en atténuer l'horreur! Et ce n'était pas chose facile; car le crime était certain, la preuve manifeste, et l'accusé, réduit à l'impuissance de le nier, en faisait l'implicite aveu. Mais y a-t-il quelque chose d'impossible pour le talent au service d'une grande pensée? Sur cet homme coupable, avili, l'orateur sut attirer encore l'intérêt de ses juges; et, après avoir flétri les séductions d'une littérature corruptrice, qui avait eu sa trop grande part dans ce drame sanglant, il parvint à écarter de la tête de Boulet la peine capitale qu'il avait encourue.

Cependant, au barreau de Toulouse, Me Du Gabé ne trouva plus ses adversaires ni son milieu d'autrefois. Autour de lui tout s'était transformé, les

hommes, les choses, les procédés et les manières. S'il éprouva, devant tous ces changements, un sentiment de tristesse, si le souvenir des premières luttes et de ses jeunes triomphes vint assombrir son front, il n'en resta pas moins, avec son grand esprit, sa verve mordante et son goût toujours sûr, un modèle accompli de grâce attique et de parfaite distinction. Appelé, dans le courant de juin 1853, au tribunal correctionnel de Tarbes pour y défendre le journal l'*Intérêt public* sur la plainte du rédacteur en chef de l'*Ere impériale*, autre journal de cette ville, il y obtint un succès complet, « après avoir,
» cinq heures durant (disent les comptes rendus
» du procès), tenu l'auditoire sous la fascination
» de sa voix pathétique, tantôt forte comme l'oura-
» gan, et tantôt acérée comme une flèche (1). »

Pourrions nous omettre ici son plaidoyer devant le tribunal de simple police de Toulouse où il mit tant d'esprit, de raillerie fine, d'à-propos, de grâce et d'invention au service de plusieurs jeunes gens d'élite, prévenus d'avoir, au théâtre des Variétés, troublé, par des clameurs et des sifflets, la représentation du *Fils de Giboyer*, cette comédie qui froissait dans sa constance et blessait dans ses anciens respects un grand parti représenté par toutes les gloires, toutes les grandeurs et tous les services du passé, ce pamphlet à qui l'on reprocha, non sans raison peut-être, d'avoir frappé des gens sans défense et des adversaires désarmés (2) ?

(1) *Intérêt public*, journal de Tarbes. Jeudi, 30 juin 1853, n° 860.
(2) Audience du 13 janvier 1863 du Tribunal de simple police de Toulouse.

Que dire encore de sa parole quand, en décembre 1872, il la prodigua, malgré sa fatigue, pour la défense des écoles chrétiennes, alors en lutte contre l'administration municipale? M⁰ Du Gabé, ce jour-là, célébrait ses noces d'or. Un demi-siècle s'était, en effet, écoulé depuis ses premières armes au barreau ; et ceux à qui le hasard favorable permit d'assister à ces débats, pleins d'intérêt et d'émotion, purent se convaincre que, sous les glaces de l'âge, l'éminent avocat avait conservé sa verve et son esprit. Tel nous l'avions connu, tour à tour impétueux, caressant, plein de fine ironie, austère parfois, éloquent toujours, maître dans l'art d'exposer et de passionner les faits, tel il se montra dans cette cause bien digne d'inspirer son talent. Aussi, pour l'artiste, heureusement inspiré qui l'aurait peint, alors qu'il était dans la force de l'âge, et à l'apogée de sa gloire, il eût suffi de mêler au portrait les teintes douces que les années amènent avec elles, pour maintenir son œuvre dans tout son lustre, c'est-à-dire conforme au modèle dont il aurait reproduit fidèlement les traits et le visage.

Et maintenant irons-nous rappeler ses derniers accents devant la Cour, lorsqu'un journal de l'Ariége (*Le Conservateur*) faisait appel à sa juridiction supérieure contre une décision rendue sur la plainte d'un membre du barreau de Foix? Mais il faudrait redire encore, et sa logique serrée, et son ironie tempérée par la plus haute raison, et sa malice contenue par les plus strictes convenances, enfin son irrésistible éloquence. Un seul mot suffira pour caractériser cette admirable plaidoirie. M⁰ Du Gabé s'y montra presque supérieur à lui-même. Pareil au flambeau qui jette, au moment de s'éteindre, un dernier et puissant éclat, ramassant pour ainsi dire comme en un faisceau toutes les ressources de son intelligence, il les répandit en gerbes de lumière sur les juges attentifs, mais éblouis, et sur son adversaire lui-même qui, mécontent peut-être, mais désarmé, n'eut pas la force de se plaindre, et, en homme d'esprit et de bon goût (1), prit gaiement son parti de sa défaite.

§ IV

Mais nous n'aurions de la personne de M. Du Gabé qu'une connaissance imparfaite si, nous laissant absorber par notre admiration en écoutant à la tribune ou au barreau l'orateur politique ou l'avocat disert, nous allions négliger d'apprécier l'homme lui-même, tel qu'il s'est révélé parmi nous !

Sa causerie aux allures naturelles, pleine d'à-propos et de vives saillies, ne laissait jamais perdre à l'ironie le ton de l'enjouement et la grâce de l'urbanité. On applaudissait, dans l'abondance de ses idées et dans la diversité de ses souvenirs, tantôt une frivolité piquante qui captivait et faisait sourire les hommes les plus austères, tantôt un récit amusant, ou bien une intéressante nouveauté d'aperçus, exempte d'affectation et de ces recherches de

---

(1) Me Laborde, avocat.

langage qui n'offrent, le plus souvent, que le mirage de la pensée.

Le temps, qui avait respecté toutes ses facultés dans le silence des passions, dont il ne fut pas toujours le maître, avait mis dans son cœur plus de bonté, dans son imagination plus de richesse, et dans son âme plus de sensibilité qu'autrefois. Il était doux et indulgent à tous; et, si l'on ne peut pas dire qu'il fut toujours exempt de faiblesse, on peut, du moins, affirmer qu'il ne connut jamais ni les tourments de la haine, ni le fiel du ressentiment. Au conseil général de l'Ariége, où, parmi ses collègues, siégeaient des hommes qui furent ses adversaires déclarés, je l'entendis s'écrier avec émotion, dans une séance très-animée, où fut prise à la presqu'unanimité des voix une délibération d'abord très-contestée : « C'est une bonne chose que de vivre » ensemble. Divisés d'opinion politique, séparés » par nos regrets et par nos espérances, nous finis- » sons toujours par nous entendre, quand il s'agit » des intérêts du pays (1)... »

Il n'effaça jamais de son cœur la trace des services ou des bienfaits reçus. L'oubli, ce mot si doux à tant d'autres, ne le charma jamais; et, s'il goûta quelque joie pure en ce monde, ce fut, au contraire, lorsque les accidents de la vie ou des circonstances favorables lui permirent d'offrir, à ceux qui s'étaient montrés ses amis, le souvenir reconnaissant qu'il en avait gardé.

Un jour, à travers les boulevards et les rues

---

(1) M. Du Gabé avait été élu membre du Conseil général de l'Ariége en 1843, par le canton de Vicdessos.

animées de Paris, un convoi funèbre accompagnait au lieu du repos un cercueil recouvert de la robe rouge du magistrat souverain et sur lequel brillaient des insignes d'honneur, « magnifiques témoignages de notre néant. » A voir la contenance de ceux qui composaient le triste cortége, on devinait aisément qu'ils étaient là pour obéir, non point à de vulgaires bienséances, mais à de vifs sentiments de regret pour celui qui n'était plus. La plupart appartenaient à nos contrées, et plusieurs à notre ville. On distinguait entre autres un magistrat qui, lui aussi, fut honoré plusieurs fois du mandat de député, mais qui surtout eut le bonheur, bien plus digne d'envie, de procurer à son ancien chef le bienfait de la foi et ses consolations ineffables (1). Les dernières prières étaient dites. Sur les restes mortels du chrétien, le prêtre avait jeté la pelletée de terre symbolique. Tout était consommé. Mais les assistants, silencieux et recueillis, demeuraient encore. Ils attendaient, non sans anxiété, qu'une voix amie vînt rendre un dernier et public hommage à la mémoire de celui dont la magistrature et le barreau portaient également le deuil. Tout à coup, un homme s'avance à travers la foule et se dirige vers le lieu de la sépulture. C'était Du Gabé. Plein d'une pieuse admiration, inspiré par sa vieille amitié pour son ancien protecteur et son maître, il venait lui dire un dernier adieu. En quelques paroles, parties du fond du cœur, il retraça rapidement, à grands traits, la carrière si bien remplie de

---

(1) M. Ressigeac, alors député de l'arrondissement de Carcassonne.

Romiguières ; et Toulouse consolée apprit, avec émotion, que la dette de la reconnaissance avait été payée, en son nom, à un de ses plus illustres enfants.

Cependant la dernière heure allait sonner pour Du Gabé. Mais ses dernières années s'étaient enrichies, pour ainsi dire, de la ruine des passions et de la perte des plaisirs. La religion, cette poésie du cœur, cette divine consolatrice lui avait donné, ce qu'elle procure toujours à ceux qui s'inclinent, avec une soumission absolue et une tendre sympathie, devant les vérités qu'elle révèle, la paix et le bonheur.

Grâce à ses enseignements, il s'était dégagé de tout ce qui, jadis, avait troublé sa vie comme ces grands fleuves qui, en approchant de la mer, se dégagent de plus en plus du limon qui avaient troublé leur course. Rien donc n'inquiéta sa fin chrétienne. Il mourut plein de jours sans avoir connu le triste déclin de la vieillesse, car l'âge n'avait pas ébranlé cette organisation trempée par le travail de la pensée. Il n'eut pas le tourment de trembler pour les jours de sa gracieuse compagne. Il ne connut pas la douleur immense, inextinguible de la dernière séparation. Dieu, dans sa bonté, lui conserva celle qui avait répandu sur sa vie les douces consolations d'une pieuse tendresse... Qui ne voudrait mourir à ce prix ?...

Monsieur (1),

Les suffrages de l'Académie vous ont appelé, naguère, à combler le vide laissé, dans son sein, par la mort du regrettable M. Du Gabé. Comme lui, vous aimez les lettres. Vous en avez donné la preuve dans cette belle traduction des Bucoliques de Virgile qui, sans parler d'autres motifs, a contribué, pour une large part, à vous ouvrir les portes de cette enceinte. Du haut du siége, où vous remplissez une mission auguste, il vous a été donné souvent d'entendre et d'admirer la parole du confrère que nous regrettons. Elle vous a, quelquefois, ému, souvent convaincu, toujours charmé. Sans parcourir la même carrière, il y avait entre vous cette communauté de principes et de sentiments qui naît souvent de la fréquentation des mêmes lieux et de l'identité du but à poursuivre. Dès lors, quoi d'étonnant que le magistrat intègre vienne s'asseoir sur le fauteuil qu'occupait l'avocat habile? Ce n'est pas chose rare dans les traditions de notre Académie. Mais je ne veux point empiéter sur les droits du confrère que vous a donné pour introducteur une favorable étoile. Bientôt, avec cette grâce spirituelle dont il a le secret (2), il proclamera vos titres au fauteuil que vous occupez. C'est pour lui, soyez-en sûr, une tâche que votre amitié, surtout, lui rend agréable et chère.

(1) M. de Marion-Brésilhac.
(2) M. Villeneuve.

Croyez bien, Monsieur, que je m'estime heureux, à mon tour, de pouvoir, en vous souhaitant la bienvenue, vous dire avec le poète :

Huc tandem concede, hæc ara tuebitur omnes.

Prenez place, enfin, au milieu de nous; ce sanctuaire recueille tous les mérites, comme il abrite toutes les gloires.

Toulouse, Impr. Louis & Jean-Matthieu Douladoure

www.ingramcontent.com/pod-product-compliance
Lightning Source LLC
Chambersburg PA
CBHW060458050426
42451CB00009B/710